LE CHALET

DE

LA MÉDUSE

SCÈNE DE LA VIE PRIVÉE... DE NOURRITURE

PAR

M. LAMBERT-THIBOUST

Représentée pour la première fois, à Paris, sur le théâtre du PALAIS-ROYAL, le 12 octobre 1862

PARIS

MICHEL LÉVY FRÈRES, LIBRAIRES ÉDITEURS

RUE VIVIENNE, 2 BIS, ET BOULEVARD DES ITALIENS, 15

A LA LIBRAIRIE NOUVELLE

1862

Distribution de la pièce

HENRI CHAMPOLLIOT, gentilhomme campagnard...........................	MM. René Luguet.
JULES CHEVRIER.....................	Em. Thierry.
STELLA, femme de Henri..............	Mmes E. Deschamps.
MARIANNE, jeune servante cauchoise....	Crenisse.

En Normandie, dans une villa appartenant à Champolliot.

Nota. — S'adresser, pour la mise en scène détaillée, à M. Guenée, régisseur de la scène du théâtre du Palais-Royal, et, pour la musique, à M. Victor Robillard, chef d'orchestre du théâtre.

LE CHALET DE LA MÉDUSE

Un petit salon élégant ouvert sur des jardins : portes au fond surmontées d'une marquise ; porte à gauche conduisant à l'appartement de Stella; deux petits meubles, l'un à gauche, l'autre à droite; une cage sur celui de droite; dans la cage, deux tourterelles ; table ronde au milieu.

—

SCÈNE PREMIÈRE.

STELLA, puis MARIANNE.

(Au lever du rideau, la scène est vide ; Stella entre sur la pointe des pieds.)

STELLA, regardant autour d'elle.

Seule !... Vite, vite, déjeunons ! (Elle ouvre une armoire à droite, et prend une grande tartine dans laquelle elle mord avidement.) Oh ! que c'est bon les confitures !... Quelqu'un !...

MARIANNE, entrant de gauche *.

Non, madame, c'est moi.

STELLA.

Ah ! j'ai cru que c'était mon mari !...

MARIANNE.

Et ça vous a fait peur? Ah! par exemple, v'là une chose qu'est drôle tout de même !... Après six mois de mariage, manger en cachette de son homme !...

STELLA.

Plus bas !

MARIANNE.

Oh ! n'y a pas de danger... monsieur est au jardin avec ce grand sécot qui vient de nous arriver.

STELLA.

Mon cousin Jules?...

MARIANNE.

Oui. Ainsi, madame peut manger sa tartine.

* M. St.

STELLA.

Ah! c'est que, vois-tu, Marianne, si mon mari me voyait... il ne m'aimerait plus!... Ah! (Elle soupire et mord dans la tartine.)

MARIANNE.

Mais c'est donc un crime, ça, d'avoir faim?

STELLA.

Pour M. Champolliot, oui, Marianne, c'est plus qu'un crime !... C'est bien drôle, va! Tiens, j'en ai assez... (Elle donne sa tartine à Marianne, qui la mange tout en écoutant.) Quand je suis sortie du couvent, je n'avais ni appétit ni sommeil... Déjeuner, dîner, cela me semblait prosaïque, bourgeois; ce fut à cette époque que M. Champolliot vint chez maman et me fit la cour.

MARIANNE.

Comme mon gros joufflu de Claude Binet, avant d'être mon homme.

STELLA.

Quand on le priait à dîner, Henri se mettait à table et ne mangeait jamais.

MARIANNE.

Tiens!

STELLA.

« Je suis comme vous, mademoiselle, » me disait-il souvent. « Oh! nous sommes faits, créés l'un pour l'autre! Moi aussi, je vis du parfum d'une fleur, d'une goutte de rosée! » Alors, moi, je me disais : « A la bonne heure, c'est un poëte, une grande âme! » Quand maman donnait une soirée, je le voyais près de la porte, les yeux fixés sur moi, la main sur son cœur! Pendant que tous les petits jeunes gens, après avoir dansé, couraient au buffet ou dévalisaient les plateaux, lui seul, mon Henri, il ne touchait à rien; alors je l'ai aimé tout de suite, je l'ai choisi, je l'ai épousé... Seulement, te l'avouerai-je! maintenant... que je suis madame Champolliot...

MARIANNE.

Eh bien?

STELLA, hésitant.

Eh bien...

Air de *Péronnette*.

Je te l'avoûrai bien bas,
Ma métamorphose est grande;
Vraiment, je deviens gourmande,
J'aime à faire trois repas.
Pendant que mon mari jeûne
(Comprends-tu mon désespoir),
Chaque matin je déjeûne,
Et je dîne chaque soir.

MARIANNE.

Comme vous dans not' ménage,
J' fesons mes trois r'pas aussi.
Ah! dam, c'est que le mariage
Ça vous donne un fier appétit!

STELLA, avec effroi.

On vient! (Elle referme vivement l'armoire.)

MARIANNE, remontant.

Non, c'étiont personne!

STELLA.

Pourtant, j'ai entendu...

MARIANNE.

Rien. (Montrant la cage.) C'étiont les tourterelles à madame qui s'embrassent. Mais pourquoi que madame ne dit pas tout simplement la chose à monsieur?

STELLA.

Y penses-tu? Lui... si poétique... si... mais il ne m'aimerait plus!... il me détesterait!... Non... je veux que peu à peu il m'y amène... il m'y force de lui-même... Comprends-tu?

MARIANNE.

Si madame veut, je le dirai à monsieur?

STELLA, effrayée.

Hein?... Eh bien, avise-t'en... et je te chasse!... Entends-tu, Marianne, je te chasse!

MARIANNE.

C'est bien, c'est bien, madame, on se taira! (A part.) Ah! c'est égal, c'étiont bien drôle tout de même! (Elle entre à droite.)

SCÈNE II.

LES MÊMES, JULES CHEVRIER.

(Type de jeune polka.)

JULES, accourant, un pot de fleurs à la main.

Ma cousine! ma cousine!

STELLA.

Jules!

JULES, avec joie *.

Elle est sauvée!

STELLA.

Sauvée?...

JULES.

Cette anémone bleue, que nous avons soignée ensemble...

STELLA.

En vérité!

* St. J.

JULES.

Sans toutefois sécher cette goutte de rosée qui tremblote sur cette petite feuille. Ah! les fleurs!... elles vivent, elles souffrent comme nous... (A part.) Mais pas de l'estomac. (Haut.) Elles ont une âme, les fleurs! elles ont... N'est-ce pas, qu'elle est belle? Si vous voulez, nous la placerons sur la table pendant le déjeuner... si on déjeune?... (A part.) Mais il paraît qu'on ne déjeune pas...

LA VOIX DE CHAMPOLLIOT, au dehors.

Stella! Stella!

STELLA.

Mon mari!

JULES, à part.

Que le diable l'emporte!

SCÈNE III.

LES MÊMES, CHAMPOLLIOT, se précipitant en scène avec deux pots de fleurs sous les bras.

CHAMPOLLIOT*.

Sauvés! sauvés!

STELLA.

Qui donc?

CHAMPOLLIOT, avec enthousiasme.

Les œillets d'Inde! (A part, regardant Jules.) Il n'a qu'un pot, lui... moi, j'en ai deux!

STELLA.

Mais quels sont ces œillets?

CHAMPOLLIOT.

Ces œillets, tu les avais respirés, ils étaient sacrés pour moi! Je me disais: « Voilà des œillets d'Inde qui filent un mauvais coton, les œillets qu'elle a respirés! » (Avec réflexion.) Ah! je l'ai déjà dit... (Avec enthousiasme.) Oh! les fleurs!...

STELLA.

Tu les aimes?

CHAMPOLLIOT.

Si je les aime!... Quand je vois une fleur, ça me donne envie de pleurer! (Regardant l'anémone.) Quel est cet arbuste?

JULES.

Une anémone bleue.

STELLA.

Qui se flétrissait et qu'il a sauvée.

* Ch. St. J.

CHAMPOLLIOT.

Il a sauvé une anémone bleue? (Serrant Jules dans ses bras.) Noble cœur! ah! noble cœur!...

JULES.

Vous m'étouffez!...

CHAMPOLLIOT.

Jules, tu me donnes envie de pleurer!

JULES.

Hein?

CHAMPOLLION.

Tu es le cousin de ma femme, laisse-moi te tutoyer. Tu as du cœur, toi!

JULES, à part.

Ah çà, est-ce qu'il se moque de moi?

CHAMPOLLIOT.

Tu n'appartiens pas, toi, à cette génération déchue qui croit aimer parce qu'elle achète des cachemires à crédit et des plaisirs au comptant; à cette génération qui croit aimer parce qu'elle traîne ses serments banals de riche mobilier en riche mobilier, chez les phrynées parisiennes, des femmes qui ont donné congé à la pudeur, des femmes qui, quand on leur dit : « Je vous aime! » vous répondent : « Êtes-vous un homme sérieux? Me ferez-vous une position? »

JULES.

Sans doute, mais... je ne vois pas trop...

CHAMPOLLIOT, avec un enthousiasme croissant.

L'amour!... Oh! donne-moi ta main, ma Stella, mon ange bien-aimé!

STELLA.

Cher Henri!

CHAMPOLLIOT, prenant le bras de sa femme sous le sien.

L'amour!... Tiens, le voilà, Jules; c'est ma petite femme et moi!

STELLA.

Oh! oui...

JULES, à part.

Si c'est pour voir ça que je suis venu en Normandie...

CHAMPOLLIOT.

As-tu effeuillé des vergiss-mein-nicht, Jules? Si tu n'en as pas effeuillé, effeuilles-en; voilà ce que j'appelle le bonheur! Quand on s'aime, on est heureux d'un rien... Un nuage qui passe, le murmure d'une source... étendu sur la mousse des bois près de la femme qu'on aime...

JULES, appuyant.

Oh! certainement!

CHAMPOLLIOT.

Écoutant tous les deux la douce chanson des oiseaux... les

fauvettes, les petits rossignols... Oh! moi, quand j'entends un rossignol, ça me donne envie de pleurer! Et dire qu'il y a des hommes qui aiment mieux fumer un cigare !...

JULES, vivement.

Je ne fume jamais, ma cousine!

CHAMPOLLIOT.

Dire qu'il y a des hommes qui aiment mieux dire à des femmes... « Voulez-vous venir faire un bon petit dîner? » Et des femmes qui acceptent cette infamie... et qui prennent de l'absinthe pour la commettre... dans de meilleures conditions!...

JULES.

Cependant... voyons...

CHAMPOLLIOT.

Comment, toi, Jules, qui as du cœur, tu comprends que l'on entre dans un cabinet de restaurateur avec la femme que l'on aime... que l'on dise au garçon, devant la femme que l'on aime : « Garçon, deux douzaines!... Garçon, une croûte au pôt!... Garçon, un joli caneton sauté à la Rouennaise! » Ah! Jules, tu me fais de la peine!...

Air : *le beau Lucas.*

Mais lis donc Paul et Virginie,
Manon Lescaut et Desgrieux ;
Chacun d'eux, près de son amie,
Rêvait en regardant les cieux !
Daphnis et Chloé, que l'on prise,
Pensaient-ils à la gourmandise ?
Abeilard, ce sublime amant,
Vivrait-il, s'il eût simplement
Écrit à la chaste Héloïse :
« Je t'attends ce soir chez Brébant,
Ne manque pas, chère Héloïse !
Sois à sept heures chez Brébant...
C'est un excellent restaurant? »

JULES, à part.

Il se moque de moi!

STELLA, à part.

Oh! cet homme-là ne mangera jamais...

CHAMPOLLIOT.

Boire, manger, c'est ne pas aimer, tout simplement... N'est-ce pas, ma Stella?

STELLA, d'un air contraint.

Ah! certainement. (A part.) Mon Dieu! s'il savait...

JULES, à part.

Ah çà! je suis sur le radeau de la Méduse!... Est-ce que l'on ne va pas prendre quelque chose?

CHAMPOLLIOT.

Qu'est-ce que nous allons faire aujourd'hui? Ah! une idée...

STELLA.

Parle?

CHAMPOLLIOT.

Je vais faire seller trois chevaux, et nous irons au camp de César; nous laisserons les chevaux chez le garde, et nous monterons la côte à pied.

JULES, à part, et effrayé.

A pied!

STELLA, à Champolliot*.

Oh! la bonne idée!

CHAMPOLLIOT, sonnant à tour de bras.

Marianne! Marianne! (A Jules.) Tu verras quels sites merveilleux... Oh! la nature!

STELLA.

Je vais passer mon amazone.

CHAMPOLLIOT.

C'est ça... Toi, Jules, tu trouveras des éperons dans ta chambre. (Appelant.) Marianne!

MARIANNE, entrant.

M'sieu à appelé?

CHAMPOLLIOT, remontant.

Dis à Jean de seller trois chevaux.

MARIANNE**.

Oui, m'sieu!

JULES, bas, à Marianne.

Vingt francs pour toi si tu me procures un bifteck...

MARIANNE.

Ah! m'sieu, y en n'a point dans le pays...

JULES.

Sapristi!

CHAMPOLLIOT.

Tu désires quelque chose, mon bon Jules?

JULES, vivement.

Non... non... absolument rien!

CHAMPOLLIOT.

Allons, Marianne, vite, vite, et dans un quart d'heure, en pleine campagne, au grand galop! Oh! il n'y a que cinq lieues...

JULES, à part.

Cinq lieues, et sans avoir déjeuné!

* J. St. Ch.
** J. M. Ch.

CHAMPOLLIOT.

Tu verras comme c'est beau... Oh! la nature!... (Avec enthousiasme.) Elle suffit à ceux qui s'aiment.

STELLA, bas, à Marianne.

Pas un mot à mon mari, ou je te chasse!...

ENSEMBLE.

Air :

Que, bientôt,
Le grand galop
Dans la plaine
Au loin nous entraîne.
Il faut aller, sans retard,
Visiter le camp de César.

(Stella entre à gauche. — Jules sort par le fond.)

SCÈNE IV.

CHAMPOLLIOT, seul.

(Il guette la sortie de Jules et de Stella ; quand il est seul, tout en chantonnant un motif d'*Il Bacio*, il prend une clef dans sa poche et va ouvrir une armoire cachée à gauche. Il tire de l'armoire un plateau sur lequel est disposé un déjeuner complet.)

Dame, entre nous, qu'est-ce que vous feriez à ma place?... Ma femme a ses idées, moi j'ai les miennes. Qu'est-ce que vous voulez! J'ai épousé un sylphe, un djinn, un farfadet; mais quoi! je l'aimais, ce sylphe; je l'adorais, ce djinn; et alors, pour garder son amour, je flatte sa poésie; car, au fond, je préfère les fruits aux fleurs; et quant aux oiseaux... (Élevant la bécassine au bout de sa fourchette.) voilà mon opinion! Tout à l'heure je disais du bien des rossignols!... ah! ah! ah! mais je ne connais rien de plus assommant que les rossignols! Dormez donc quand ils entament leur répertoire! Ils chantent bien, je ne dis pas le contraire; mais quoi... Tamberlick aussi... Eh bien, quand vous avez envie de dormir, supposez qu'on vous mette Tamberlick dans un arbre, vous ne lui donneriez pas deux cent mille francs?... Voilà toute l'affaire! Ah! c'est une lune de miel, seulement le miel est supprimé. Où sont-ils, mes dîners de garçon, avec accompagnement de bouchons en l'air?... Pif! paf!... pouf! O café Anglais, Bignon, Maison-d'Or, palais de la gourmandise, où êtes-vous?...

Air : *C'est moi qui suis le petit clerc* (FORTUNIO).

Ah ! vive un dîner de garçons,
Dîner joyeux, et sans façons !
Vive une fête
Sans étiquette !
Le moët qui monte à la tête
Et vient y noyer la raison,
Et les truffes sous la serviette,
Les écrevisses en buisson !
. Comme en cachette
Je vous regrette,
Mes petits dîners de garçons,
Dîners joyeux et sans façons,
Vos perdreaux, vos turbots, vos chansons,
Et vos mimis Pinsons
Pour échansons !

SCÈNE V.

MARIANNE, CHAMPOLLIOT.

MARIANNE, *entrant.*

Ah !

CHAMPOLLIOT.

Sapristi ! (*Il jette sa serviette sur le plateau pour le cacher.*)

MARIANNE.

M'sieu qui déjeune !... Ah ! ah ! ah !

CHAMPOLLIOT.

Veux-tu te taire, petite malheureuse ! Tu vas me perdre !

MARIANNE, *montrant l'armoire ouverte.*

Oh ! une cachette... et, en bas, des bouteilles qu'aviont des goulots d'argent !

CHAMPOLLIOT, *qui a serré le plateau et refermé l'armoire.*

C'est du champagne... veuve Cliquot... pour mes dimanches ! Si tu me trahis, je te brûle la cervelle !

MARIANNE.

Oh ! foi de Marianne Pitou, qu'étiont mon nom de fille, et de Marianne Binet, qu'étiont mon nom de femme, j' jurons bien à m'sieu de ne rien dire... qu'à mon homme, s'entend !

CHAMPOLLIOT.

Oh ! comme c'est lui qui m'apporte ces comestibles... Marianne Pitou, femme Binet, tu n'es pas une femme poétique, toi...

MARIANNE.

Hi ! hi ! hi !... Quoi que c'étiont d'être une femme poétique ?

CHAMPOLLIOT.

C'étiont vivre de l'air du temps, d'amour et d'eau fraîche... et, encore, le moins d'eau fraîche possible ! C'étiont demeurer dans une chambre bleue, au rez-de-chaussée, quand son mari habite une chambre rose au premier étage ! Voilà ce que c'étiont, Marianne Pitou !

MARIANNE.

Ah ! dame, les bourgeois, c'est logé si grandement !

CHAMPOLLIOT.

Est-ce que tu es logée grandement, toi, à la ferme?

MARIANNE.

Oh ! non, m'sieu !

CHAMPOLLIOT.

Eh bien, on peut te dire ça, à toi, Marianne; tu es une femme mariée.

MARIANNE.

Oh ! m'sieu, n'y aviont que six semaines.

CHAMPOLLIOT.

Ça ne fait rien... on peut te le dire tout de même... J'adore ma femme, je suis jeune encore...

MARIANNE.

Bédame !...

CHAMPOLLIOT, bas, à Marianne.

Trop de chambre rose !

MARIANNE.

Bédame!

CHAMPOLLIOT.

Ma pauvre Marianne, va ! (Il l'embrasse.)

MARIANNE, riant.

Oh ! m'sieu qui m'embrassiont... M'sieu étiont ben honnête !

CHAMPOLLIOT.

Je voudrais l'être davantage, voilà l'affaire ! Et, de plus, je voudrais faire mes trois repas comme tout le monde... mais voilà... on fait la cour à une jeune fille, un être surhumain qui vit... on n'a jamais pu savoir comment !

MARIANNE, à part, riant *.

Oh ! s'il le savait !

CHAMPOLLIOT.

On veut s'en faire aimer, on lui dit : « Moi aussi, je suis un être surhumain... à bas les côtelettes ! » On est puni de ce blasphème !... on est forcé de manger des choses froides dans des petits coins...

* Ch. M.

MARIANNE, riant.

Oh! m'sieu, ça a l'air bien garni, là-dedans! (Elle montre l'armoire.)

CHAMPOLLIOT, traversant.

Ça n'est pas mal garni, je te remercie; j'ai un peu de tout... Potel et Chabot m'envoient des échantillons; je collectionne des pâtés en ce moment... Faut bien vivre... Mais comment fait ma femme?... Voilà ce que je me demande.

MARIANNE, à part.

Ma foi, j'ai envie de lui dire !... Non... on me mettrait à la porte, moi et mon homme!

CHAMPOLLIOT.

Qu'est-ce que tu marmottes, toi?

MARIANNE.

M'sieu, je ne me marmotte pas... Je dis comme ça, quand on étiont l'homme, da, faut dire à sa femme, j' sommes vot' mari, j' voulons pas de ça!...

CHAMPOLLIOT.

Mais, petite malheureuse, si je disais à ma femme : « J' sommes vot' mari, j' voulons pas de ça, » elle ne m'aimerait plus!

MARIANNE.

Oh! que si, m'sieu!

CHAMPOLLIOT.

Je veux que ce soit elle qui, peu à peu, me force... à manger...

MARIANNE, à part.

Lui aussi!

CHAMPOLLIOT.

Car si elle cessait de m'aimer, elle aimerait peut-être l'autre...

MARIANNE.

L'autre?

CHAMPOLLIOT.

Son cousin.

MARIANNE.

C'ti-là qu'étiont barbu?

CHAMPOLLIOT.

C'ti-là qu'étiont barbu... Il est venu ici pour lui faire la cour.

MARIANNE.

Bah!

CHAMPOLLIOT.

Comme dans les vaudevilles... Mais j'ai trouvé une vengeance plus littéraire... le Dante... épisode Ugolin... M. Jules Chevrier mourra de faim, Marianne, dans la chambre d'ami

* M. Ch.

que je lui ai offerte, sous le toit sacré de l'hospitalité! C'est canaille, mais c'est littéraire... ça c'est fait en vers...

MARIANNE.

Oh! m'sieu!

CHAMPOLLIOT.

Ce chalet est à deux lieues de Vernon; nous manquons de victuailles.

MARIANNE, montrant l'armure.

Oh! oh! m'sieu.

CHAMPOLLIOT.

Excepté moi... mais j'en ai besoin pour mon usage particulier... Quand le Chevrier en aura assez, Jean attellera la carriole et le conduira à la station du chemin de fer... Entre nous, je crois que ça commence...

MARIANNE, riant.

Oh! c'est donc ça, m'sieu, que tout à l'heure il regardiont les canards barbotter... Il ouvrait des yeux.. Oh! qué z-yeux qu'il ouvrait, mon Dieu!...

CHAMPOLLIOT.

Marianne Pitou, je t'enjoins de lui refuser toute espèce d'aliment... S'il veut te corrompre, s'il t'offre de l'argent, dis-le-moi, je te donnerai le double!...

MARIANNE.

Oh! m'sieu, il m'aviont déjà demandé... Un quoi donc déjà?... Ah!... un *bisteck!...*

CHAMPOLLIOT.

Un bifteck?... Je triomphe!

MARIANNE, tendant la main.

Il m'aviont offert cinquante francs.

CHAMPOLLIOT.

Hein!

MARIANNE.

Cinquante francs, qu'il m'aviont dit.

CHAMPOLLIOT.

Foi de Normande?

MARIANNE, avec aplomb.

Foi de Normande!

CHAMPOLLIOT, à part.

Alors je suis fixé... C'est une carotte... (Haut.) Eh bien, je te donnerai cinq louis... Continue, ma bonne Marianne, continue.

SCÈNE VI.

LES MÊMES, JULES CHEVRIER.

JULES, un peu pâle*.

Mon cher cousin, je suis prêt.

* Ch. J. M.

CHAMPOLLIOT.

Oh! ce bon Jules, à la bonne heure! il est infatigable...

JULES, essayant de sourire.

Oui, je suis infatigable... Cependant, j'avoue que...

CHAMPOLLIOT.

Je vais voir si les chevaux sont sellés... A tout à l'heure, mon cher cousin, mon bon Jules!... (Il lui serre la main.) Viens, Marianne.

MARIANNE, regardant Jules, riant.

Pauvre jeune homme! (Elle suit Champolliot.)

SCÈNE VII.

JULES, seul.

C'est une drôle de maison ici. (Affectant un air dégagé qui contraste avec un visible malaise.) Ce qui m'arrive est assez singulier. A Paris, je suis d'un cercle, parce que je suis un jeune homme excessivement à la mode. Donc, il y a trois jours, nous étions au cercle quelques jeunes fous et moi. « Jules, me dit le petit Baron, quelle délicieuse cousine tu as! Il paraît qu'elle n'a pas voulu de toi?... » Ce mot me piqua au vif, et je pariai mille pistoles qu'avant quinze jours je l'aurais complétement séduite. Elle était avec son mari dans ce chalet situé département de l'Eure; je me jetai dans un wagon et j'arrivai; seulement, c'est une maison d'une bizarrerie... personne ne mange ici!... Il y avait une salle à manger, on en a fait une serre; à l'endroit où était la table, on a mis un saule pleureur... égyptien, il est vrai, mais, enfin, pour dîner, c'est insuffisant... et, il n'y a pas à dire, impossible de se procurer le moindre aliment!... Que dirait-on de moi à mon cercle... le cercle des pommes de terre?... Tenez, voilà une chose qui manque ici... les pommes de terre!... Ah! mais, j'en ai assez de cette existence médusienne; je file, je retourne à Paris!... (Il remonte et s'arrête.) Et ma gageure! Je serai déshonoré, perdu de réputation... Non, je reste, quand je devrais... (Voyant entrer Stella.) Ma cousine!... Allons, de l'audace!...

SCÈNE VIII.

JULES, STELLA, puis CHAMPOLLIOT, puis MARIANNE.

JULES, souriant en prenant une pose séductrice.

Comment, ma cousine, vous n'êtes pas prête?

STELLA.

Prête? à quoi bon? Comme je commençais à m'habiller, Jean est venu me dire que le cheval gris était déferré.

JULES, à part.

Oh ! j'ai des tiraillements ! (Haut.) Ah ! il est déferré, le cheval gris?

STELLA.

On l'a rentré à l'écurie, où il mange son avoine.

JULES, commençant à déraisonner.

Ah! il mange son avoine, le cheval gris qui est déferré. (A part.) Il est bien heureux.

STELLA.

Mon cousin, désirez-vous que nous reprenions notre lecture d'hier soir?

JULES.

Notre lecture?

STELLA.

Aimez-vous mieux faire un peu de musique?... Quel morceau préférez-vous?

JULES.

Quel morceau?... Oh! mon Dieu!... un morceau sur le pouce.

STELLA.

Hein?

JULES.

Ah! pardon.

STELLA.

Qu'avez-vous donc, mon cousin?

JULES.

Moi? Rien, ma cousine... La joie de me sentir auprès de vous, tous nos souvenirs d'enfance qui... (A part.) Oh! voilà les tiraillements qui recommencent! (Haut.) Oh! les souvenirs! quel trésor céleste!... Ainsi, la dernière fois que je vous vis avant votre mariage, c'était à dîner chez madame votre mère; vous aviez une simple fleur dans les cheveux... Et lui, lui! ce coq de bruyère, flanqué de petites cailles, il était là!... Ah! les souvenirs!...

STELLA, riant.

Plaît-il?

JULES, respirant fortement.

C'est singulier!... Ma cousine!...

STELLA.

Mon cousin?...

JULES.

Respirez donc... vous ne sentez pas?... Ah! ce parfum est enivrant!

STELLA.

C'est celui du chèvrefeuille sans doute.

JULES.

Non! on dirait plutôt du jambon d'York! (Avec éclat.) Ma cousine, ça sent le gibier, ici!

STELLA, à part.

Mais je n'en ai pas dans mon armoire!

JULES, cherchant et se dirigeant vers l'armoire de droite.

C'est là, j'en suis sûr!

STELLA.

Mais c'est de la folie!

JULES.

De la folie?... Tenez! (Ouvrant l'armoire.) Du pâté!

SCÈNE IX.

LES MÊMES, CHAMPOLLIOT.

CHAMPOLLIOT, le faisant pirouetter loin de l'armoire *.

Malheureux! veux-tu t'en aller!

STELLA.

Du pâté!

CHAMPOLLIOT **.

Eh bien, oui, madame!

STELLA, à part.

Quel bonheur! il mange! (Haut.) Comment, monsieur, vous mangez?

JULES, avec dédain. Il s'assied.

Oh!

STELLA.

Et vous me le cachiez?

CHAMPOLLIOT.

Eh bien, oui, madame! Au fait, j'ai dissimulé trop longtemps; je jette le masque! Oui, madame, je dîne comme tout le monde, et je suis gourmand comme une petite chatte, et j'aime les écrevisses bordelaises et le homard à l'américaine, et le pâté de foies gras, et les cramouskis à la polonaise... et les petits pots de crème de Saint-Gervais!... Ah! mais, ah! mais!...

STELLA, à part, avec joie.

Il y vient! il va me forcer...

CHAMPOLLIOT, toujours furieux.

Et j'aime le château-laffitte 46 et le pomard 51! Et après le rôti, je bois du cummel pour faire un trou! Ah! mais, ah!

* J. Ch. M. St.
** J. Ch. St. M.

mais, ah! mais! Et je fume comme un Suisse! (Il tire un porte-cigares de sa poche.) Des Jenny-Lind! (A Jules.) En veux-tu?

JULES, avec le même geste.

Oh!

STELLA.

Vous fumez?

CHAMPOLLIOT.

Oui, madame, en prenant le café; et quelquefois je me grise comme tout le monde.

STELLA.

Vous griser! Mais c'est affreux!

CHAMPOLLIOT.

Eh! madame, vous me faites dire des choses... Mais, est-ce ma faute à moi si j'ai épousé une femme impossible?

STELLA.

Une femme impossible?

CHAMPOLLIOT.

Une femme dans la lune!

STELLA.

Dans la lune!

CHAMPOLLIOT.

Un farfadet, un djinn!...

STELLA.

Un djinn?... Monsieur, vous m'insultez!

CHAMPOLLIOT.

Eh! madame!...

STELLA, tortillant son mouchoir avec colère, à Marianne qui vient d'entrer.

Marianne, il m'appelle djinn!

JULES, assis, avec noblesse.

Une liqueur anglaise! Ah! fi!

MARIANNE.

Oh! monsieur!

CHAMPOLLIOT.

Laisse-moi tranquille, toi!...

STELLA.

Il suffit, monsieur; je vous quitte la place. Je sortirai dès aujourd'hui de cette maison; mon cousin Jules me conduira chez maman... mon cousin Jules qui m'aimait, qui m'aime encore, et que j'aime aussi, entendez-vous?

CHAMPOLLIOT, qui allumait un cigare.

Hein!

JULES, avec bonheur.

Oh!

STELLA.

Viens, Marianne! Adieu, monsieur, adieu pour toujours! (Fondant en larmes.) Un djinn!

ENSEMBLE.

Air de *la Corde*.

Le passé pour toujours
Disparaît et s'efface,
Et la haine remplace
Nos / Leurs anciennes amours !

(Elle sort à gauche, suivie de Marianne.)

SCÈNE X.

CHAMPOLLIOT, JULES.

JULES, avec bonheur.

Elle m'aime... et il y a des pâtés dans la maison!...

CHAMPOLLIOT.

Tu es encore ici, toi, cousin déloyal, renard, serpent?

JULES.

Mais, mon cousin...

CHAMPOLLIOT.

Je sais tout, tout, tout!

JULES.

Hein?

CHAMPOLLIOT.

Ton pari au cercle.

JULES.

Sapristi!

CHAMPOLLIOT.

Les voilà donc, ces petits messieurs qui viennent comme ça nous souffler nos femmes sans façon? Ah! je te tiens!... A nous deux, brigand! Et ils s'aimaient, et ils s'entendaient peut-être! Comment savoir où ils en sont? Comment découvrir?...

JULES, se dirigeant vers l'armoire.

Mon cousin, donnez-m'en une tranche?

CHAMPOLLIOT.

Jamais!

JULES, tirant sa bourse.

Cédez-m'en la moitié; faites votre prix vous-même.

CHAMPOLLIOT, à part.

Oh! quelle idée! Tu vas parler, mon gaillard. (Haut.) Voyons, sois franc et je serai gentil; aimais-tu Stella avant son mariage?

JULES.

Non! ma parole d'honneur!

CHAMPOLLIOT.

Tu t'es promené hier soir avec ma femme dans le parc ; lui as-tu fait une déclaration ? Sois franc, je serai gentil. Lui as-tu fait une déclaration ?

JULES.

Non.

CHAMPOLLIOT.

Tu comptais lui en faire une ?

JULES, suppliant.

Donnez-moi seulement un à-compte.

CHAMPOLLIOT.

Non... tout ou rien.

JULES.

Eh bien, oui, je comptais lui en faire une, lui remettre un billet.

CHAMPOLLIOT.

Un billet ?... Tu l'as sur toi ?... Donne-le-moi.

JULES, avec noblesse.

Oh ! monsieur, il est de ces choses qu'un galant homme...

CHAMPOLLIOT.

Je vais fermer le buffet.

JULES, avec un cri.

Non !... Tenez, le voilà ! (Il tend le billet.)

CHAMPOLLIOT.

Enfin ! (Il lit.) « Ma cousine, vous avez dû lire dans mes yeux... C'est l'amour le plus pur, le plus... » (Avec joie.) Ah ! je suis sauvé ! (Il prend la clef de l'armoire et la met dans sa poche.)

JULES, le regardant faire.

Mon cousin !... Mais qu'est-ce que vous faites donc ?

CHAMPOLLIOT.

Je mets la clef dans ma poche ; tu n'as pas été assez franc, tu n'auras rien du tout.

JULES.

Mais c'est à se jeter par la fenêtre !

SCÈNE XI.

LES MÊMES, STELLA *, en costume de voyage.

STELLA, d'un air solennel.

Monsieur, je vous fais mes derniers adieux. (A Jules.) Vous n'êtes pas encore prêt, mon cousin ?...

JULES, très-agité.

Ma cousine, je cours ; dans cinq minutes, je serai près de vous. (A Champolliot.) Monsieur, vous vous êtes joué de moi, mais il y a des buffets à Vernon... il y a des buffets à Vernon ! (Il sort vivement.)

* Ch. St. J.

SCÈNE XII.

STELLA, CHAMPOLLIOT.

STELLA, très-solennelle.

Monsieur, avant de sortir d'ici pour jamais...

CHAMPOLLIOT, toussant pour se donner de la gravité.

Hum!

STELLA.

Je dois rétracter mes paroles de tout à l'heure... Je n'aime personne, mon intention est d'entrer dans un couvent, et d'y prononcer des vœux éternels; cela est bien décidé, irrévocablement arrêté, soyez-en certain.

CHAMPOLLIOT, regardant à la fenêtre.

Mais cela, en effet, me semble sérieux; voilà Jean qui attelle la carriole.

STELLA.

Nous n'aurons pas, j'aime à le croire, de ces tristes et vulgaires procès; d'abord, vous pouvez garder ma dot, les intérêts d'argent m'importent peu.

CHAMPOLLIOT.

Je le sais, madame; mais enfin, les contrats sont les contrats. C'est même pour ça qu'on a inventé les notaires.

STELLA.

Enfin, monsieur, je ferai ce que vous voudrez.

CHAMPOLLIOT.

Alors vous garderez vos trois cent mille francs. Oh! je sais parfaitement que vous ne les mangerez pas.

STELLA.

La voiture est attelée. (Elle décroche la cage aux tourterelles.) Pauvres petites bêtes! je les oubliais... Dans ces émotions qui m'ont assaillie, je n'ai même pas pensé à leur déjeuner. (Elle prend dans le meuble à droite un petit sac de millet... Pendant ce mouvement, Champolliot a pris la cage sur la table qui se trouve au milieu, et l'a portée sur celle de gauche.)

STELLA, le petit sac à la main.

Que faites-vous donc, monsieur?

CHAMPOLLIOT.

Oh! rien, madame. Seulement, quand j'ai hérité de ce chalet, ces oiseaux faisaient partie de l'héritage : vous gardez votre dot, c'est parfait; moi, je garde mon bien.

STELLA.

Mais vous me les avez données...

CHAMPOLLIOT.

Elles ne seraient pas heureuses au convent : on ne peut pas être deux dans la même cellule.

STELLA.

Fort bien, monsieur, libre à vous. (Tendant le sac.) Tenez...

CHAMPOLLIOT.

Qu'est-ce que c'est que ça?

STELLA.

C'est le millet.

CHAMPOLLIOT.

Pourquoi faire?

STELLA.

Pour leur dîner.

CHAMPOLLIOT.

Inutile, madame.

STELLA.

Mais, monsieur, elles mourront de faim!

CHAMPOLLIOT.

Oui, madame. Les tourterelles sont les grandes prêtresses de l'amour... et des grandes prêtresses qui mangent du millet, ça n'est pas convenable.

STELLA.

A votre aise, monsieur ; et adieu. (Elle remonte.)

CHAMPOLLIOT.

Adieu, madame...

STELLA a l'air de chercher autour d'elle et redescend un peu *.

CHAMPOLLIOT.

Vous cherchez quelque chose, madame?

STELLA.

Mon ombrelle, monsieur.

CHAMPOLLIOT, assis devant le meuble de droite, sur lequel est l'ombrelle.

La voici, madame. (Il se lève et la lui donne.)

STELLA.

Je vous remercie, monsieur...

CHAMPOLLIOT, saluant.

Madame... (Elle remonte et redescend comme ci-dessus, mais de l'autre côté.)

CHAMPOLLIOT.

Vous cherchez quelque chose, madame?

STELLA.

Non, monsieur, je veux seulement savoir avant mon départ si vous ne regrettez pas le mot insultant dont vous vous êtes servi à mon égard...

CHAMPOLLIOT.

Quel mot ?

* St. Ch.

STELLA.

Oh ! je ne le répéterai pas, bien certainement...

CHAMPOLLIOT.

Djinn ?... Mais enfin, madame, savez-vous ce que c'est qu'un djinn ?

STELLA, fièrement.

Non, monsieur; je sais seulement que c'est quelque chose d'affreux !...

CHAMPOLLIOT.

Mais, pas du tout !

STELLA.

Si fait !

CHAMPOLLIOT, tous deux à la table du milieu.

Mais, pas du tout ! Tenez, voilà un dictionnaire... un Bécherelle... Vous allez voir !...

STELLA.

Ah ! je suis curieuse...

CHAMPOLLIOT, qui a pris le livre sur le petit meuble de droite, le porte sur la table du milieu.

Voyons, D... D... D... Ah ! DJINN... le voilà : « *Djinn*, voyez *Farfadet.* » Voyons farfadet.

STELLA, penchée sur son épaule.

Voyons farfadet.

CHAMPOLLIOT.

F... F... Ah ! « *Farfadet,* voyez *Djinn.* » Mais c'est insupportable !

STELLA *.

Laissez donc, monsieur; vous autres hommes, vous vous entendez avec le dictionnaire. Un djinn, c'est un monstre épouvantable... avec de grandes cornes !

CHAMPOLLIOT.

Je proteste !... Ils sont charmants, madame. . ils ont des yeux bleus grands comme ça... Vous les calomniez tout simplement. Du reste, ce n'est pas cela qui nous sépare.

STELLA.

Qu'est-ce donc, monsieur ?

CHAMPOLLIOT.

Je trouve que, quand on s'aime, quand on veut être heureux longtemps, il faut...

STELLA.

Il faut ?...

CHAMPOLLIOT.

Il faut, à onze heures du matin, entendre une petite

* Ch. St.

cloche... drelin... drelin... et, en tête-à-tête, gentiment, en causant... mon Dieu! presque rien... quelques œufs à la coque... six côtelettes... des...

STELLA, à part, avec joie.

Il y vient!

CHAMPOLLIOT.

A six heures du soir, la repetite cloche... drelin... drelin... c'est pour le dîner, un petit dîner fin, délicat... (A part.) Copieux!

STELLA, à part.

Il y vient! il y vient!

CHAMPOLLIOT.

Cela n'empêche pas de s'aimer; seulement on s'aime dans des conditions plus logiques. Voilà mon sentiment sur le bonheur conjugal. (Voyant Stella qui cherche.) Vous cherchez quelque chose, madame? (Musique en sourdine.)

STELLA, regardant à terre.

Ah! qu'est-ce que c'est que ça?

CHAMPOLLIOT.

Ça, quoi?

STELLA.

Une petite mie de pain, avec de la confiture...

CHAMPOLLIOT.

De la confiture?... Mais je n'en ai pas dans ma bibliothèque!

STELLA.

Alors, c'est donc à une autre personne? Suivons la piste! (Elle traverse le théâtre, va à son armoire, au fond à droite, et l'ouvre en souriant *.)

CHAMPOLLIOT.

Ciel! comment... toi aussi? (Courant à la fenêtre.) Jean! dételez!... Ma Stella!...

STELLA.

Hélas! ta Stella est une gourmande!

CHAMPOLLIOT.

Quel bonheur! Faisons la dînette, et chacun son plat...

STELLA, avec joie.

C'est ça. (Jeu de scène où chacun tire quelque chose de son armoire et le pose sur la table.)

CHAMPOLLIOT.

Pâté de Strasbourg, pièce sérieuse!

STELLA.

Un petit poulet et des fraises!

CHAMPOLLIOT.

Des fraises!... Elle a pensé au dessert! Laffitte 53, veuve Cliquot... pour mettre dans les fraises!...

* St. Ch.

STELLA.

Ah! que c'est gentil!

CHAMPOLLIOT gaiement.

Drelin... drelin...

STELLA.

C'est la petite cloche!

CHAMPOLLIOT.

Madame est servie, à table!

SCÈNE XIII.

LES MÊMES, MARIANNE.

MARIANNE, arrivant de gauche.

Oh! m'sieu et madame!... C'est-y bien possible... ils mangent!

JULES, entrant du fond avec sa valise.

Ma cousine, je suis prêt... Ciel! ils dînent... Ah! j'en mourrai! (Il chancelle et tombe sur une chaise qui se trouve près de la table.)

CHAMPOLLIOT, lui faisant respirer le pâté.

Tenez, cousin, voilà pour vous!

JULES.

Sauvé!... Merci, mon Dieu! merci!

CHOEUR.

Air du *Petit Clerc*.

Buvons, mangeons!... Les bons repas
Au sentiment ne nuisent pas,
Ici bas;
On ne peut vivre, hélas!
Et d'eau fraîche et d'amour,
Plus d'un seul jour!

CHAMPOLLIOT, au public.

Air de *l'Héritière*.

Ce soir, messieurs, dans mon ménage,
La paix revient, et pour toujours;
Tous à dîner je vous engage...
Venez demain... et tous les jours,
Nous vous recevrons tous les jours.

* Ch. J. St. M.

Acceptez sans cérémonie
Le repas qui vous est offert ;
Mais apportez, je vous en prie,
Quelques bravos pour le dessert;
Messieurs, chargez-vous du dessert !...

REPRISE DU CHŒUR.

FIN.

LAGNY. — Typographie de A. VARIGAULT.

www.ingramcontent.com/pod-product-compliance
Ingram Content Group UK Ltd.
Pitfield, Milton Keynes, MK11 3LW, UK
UKHW021038260726
13994UKWH00005B/2229

9 782329 358369